小学校入試対策問題集

パーフェクト

キリトリ式

思考問題 2

☆本書の使い方☆

◎ 本書はキリトリ式になっています。

◎ ▲のついている方向を上にしてご使用ください。

◎ この本は「速さ」や「得点力」をみるためのものではありません。制限時間などは指定していませんので、お子様の状態に合わせてご使用ください。

◎ さまざまな難易度の問題があります。難しい問題は、お子様の状態に合わせてヒントを出したり、言葉を言い換えたりしてください。

▶問題 01

　半分に折った折り紙の、黒い部分を切って折り紙を開くとどうなりますか。右から選んで○をつけましょう。

解答

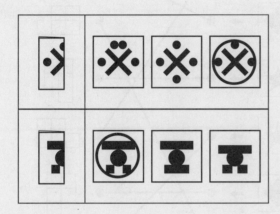

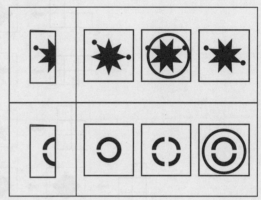

▶問題 02

　ある約束で形が並んでいます。空いているところにはどんな形が入りますか。形を書きましょう。

解答

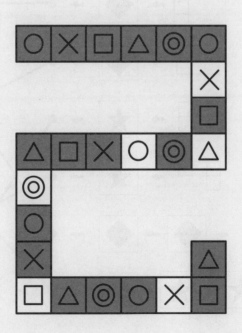

▶問題03

形が箱を通ると上の四角のようにかわります。左の形を箱に通したときどうなりますか。右から選んで線で結びましょう。

解答

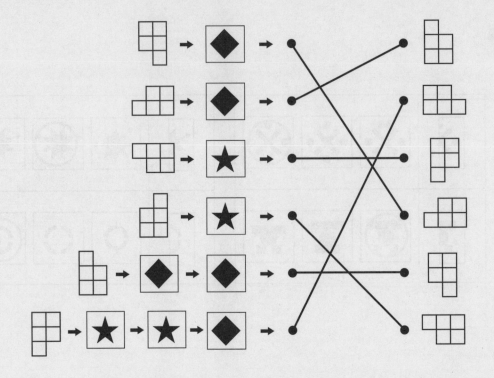

▶問題04

形が箱を通ると上の四角のようにかわります。左の形を箱に通したときどうなりますか。右から選んで線で結びましょう。

解答

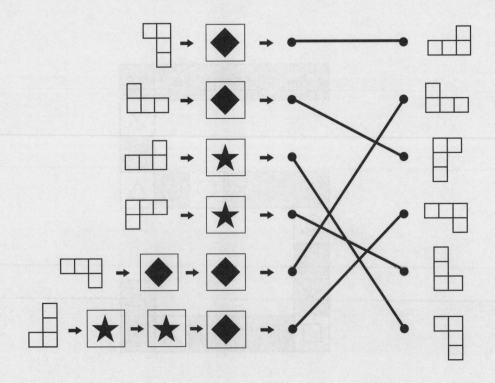

▶問題 05

上の形と下の形を合わせて、左の形をつくります。どれとどれを合わせますか。線で結びましょう。

解答

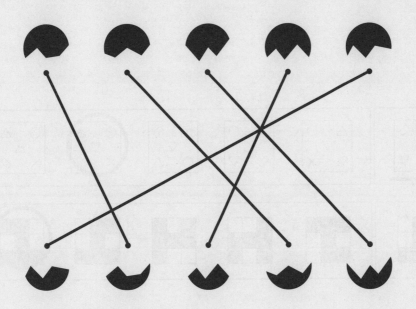

▶問題 06

上の形をつくるのに、使うものに〇をつけましょう。

解答

▶問題07

　左端の四角に、模様のかかれた四角い形があります。左端の絵の太線のところに鏡を置いたとき、どのようにうつりますか。右から選んで〇をつけましょう。

解答

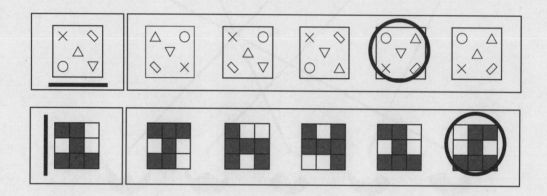

▶問題08

　観覧車が矢印の向きに回っています。

（サイコロ1）ネコがスペードに乗ると、ブタはどこに乗りますか。〇をつけましょう。

（サイコロ2）ネコが◆のところに乗ると、▲に乗るのは誰ですか。〇をつけましょう。

（サイコロ3）キツネがハートに乗ると、サルはどこに乗りますか。〇をつけましょう。

（サイコロ4）今度は1つのゴンドラに2匹ずつ乗ることにしました。1番下のゴンドラにネコとキツネが乗ると、◆に乗るのは誰と誰ですか。〇をつけましょう。

解答

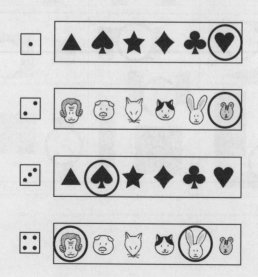

▶問題09

縦と横に数を合わせたとき、同じ数になるように、あいている□にその数だけ●を書きましょう。

解答

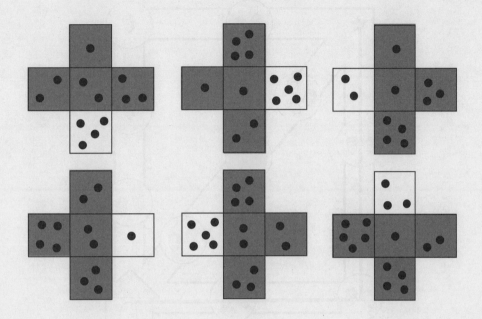

▶問題10

2番目に多い数を選んで、〇をつけましょう。

解答

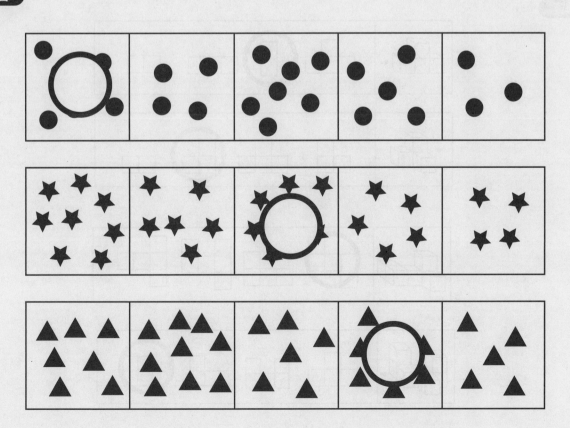

▶問題11

リスが★のところから、ドングリを拾って家に帰ります。全部のリスがドングリを1個ずつ拾って家に帰るには、どの道を通りますか。線を書きましょう。

解答

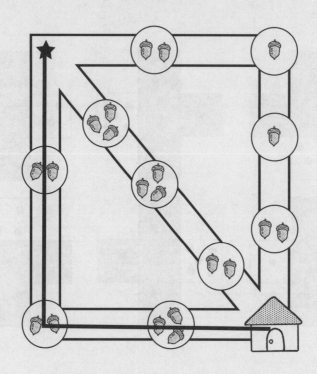

▶問題12

左の積み木を矢印の方から見ると、どのように見えますか。右から選んで○をつけましょう。

解答

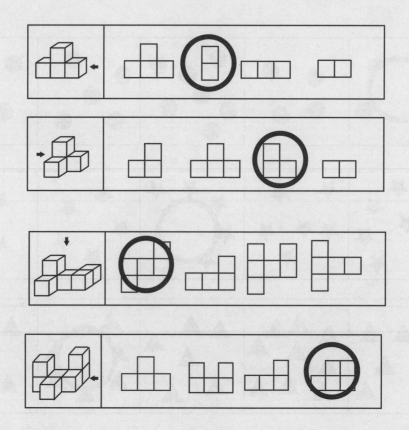

▶**問題 13**

左の形をつくります。足りない形を右から選んで、線で結びましょう。

解答

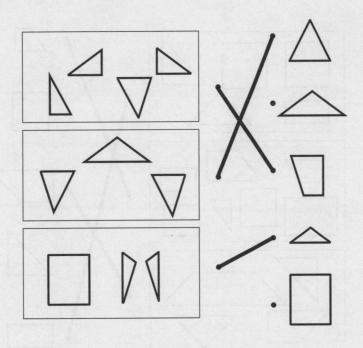

▶**問題 14**

左の形をつくります。足りない形を右から選んで、線で結びましょう。

解答

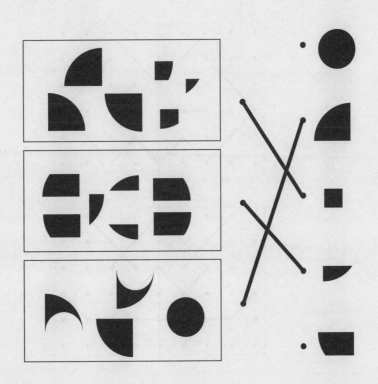

▶問題 15

左の形をつくります。足りない形を右から選んで、線で結びましょう。

解答

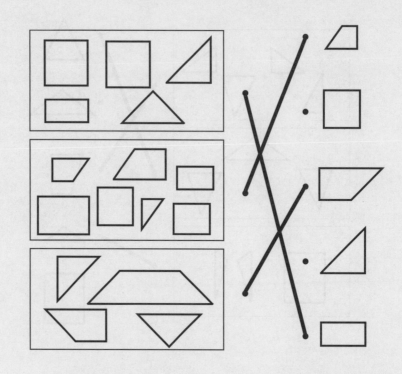

▶問題 16

左側に書いてある線を真ん中の線で折って、右側に写したときどうなりますか。右側に線を書きましょう。

解答

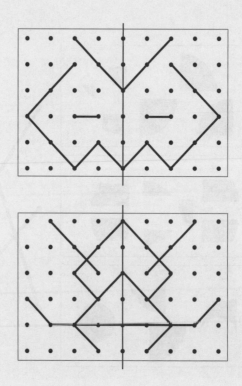

▶問題 17

　エレベーターが 4 階から下へ降りていきます。エレベーターには最初、動物が 2 匹乗っています。右側にいる動物がこれから乗ってくる動物で、左側にいる動物が降りた動物です。1 階に着いたとき、エレベーターに乗っていたのは何匹ですか。その数だけ、下の四角の中に〇を書きましょう。

解答

▶問題 18

　エレベーターが 4 階から下へ降りていきます。エレベーターには最初、動物が 4 匹乗っています。右側にいる動物がこれから乗ってくる動物で、左側にいる動物が降りた動物です。1 階に着いたとき、エレベーターに乗っていたのは何匹ですか。その数だけ、下の四角の中に〇を書きましょう。

解答

▶**問題 19**

エレベーターが４階から下へ降りていきます。エレベーターには最初、動物が２匹乗っています。右側にいる動物がこれから乗ってくる動物で、左側にいる動物が降りた動物です。１階に着いたとき、エレベーターに乗っていたのはだれですか。乗っていた動物に○つけましょう。

解答

▶**問題 20**

左の形をつくるとき、足りない形を右から選んで○をつけましょう。

解答

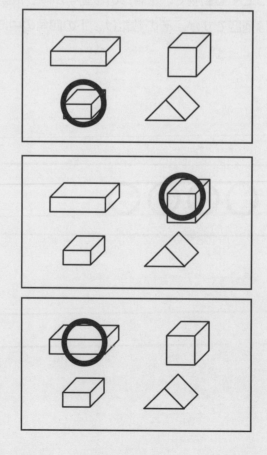

▶問題 21

左の絵の最初の文字をつなげて、言葉を作ります。右の絵の中から、できるものすべてに○をつけましょう。同じ絵を何回使っても構いません。

解答

▶問題 22

透き通った板に形が書いてあります。その板を太線のところから矢印の方へ、折って重ねたとき、●はどのように見えますか。右に書きましょう

解答

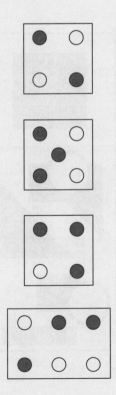

▶**問題 23**

　8本の紐がいろいろな形に置いてあります。この紐を点線のところで切ると、何本かに分かれてしまいます。切った後4本に分かれてしまうのはどれですか。○をつけましょう。

解答

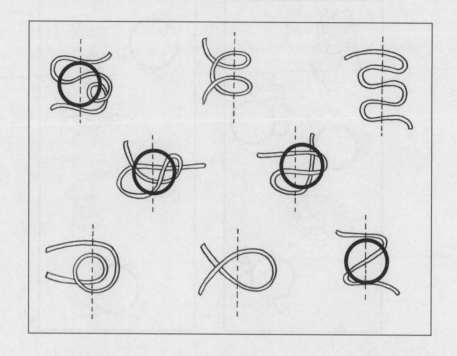

▶**問題 24**

　上のかたちをつくるときに、使うものに○をつけましょう。

解答

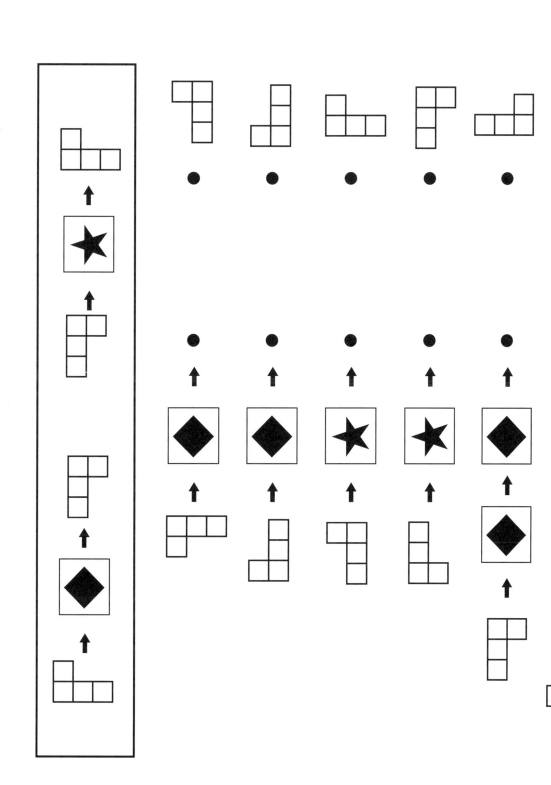

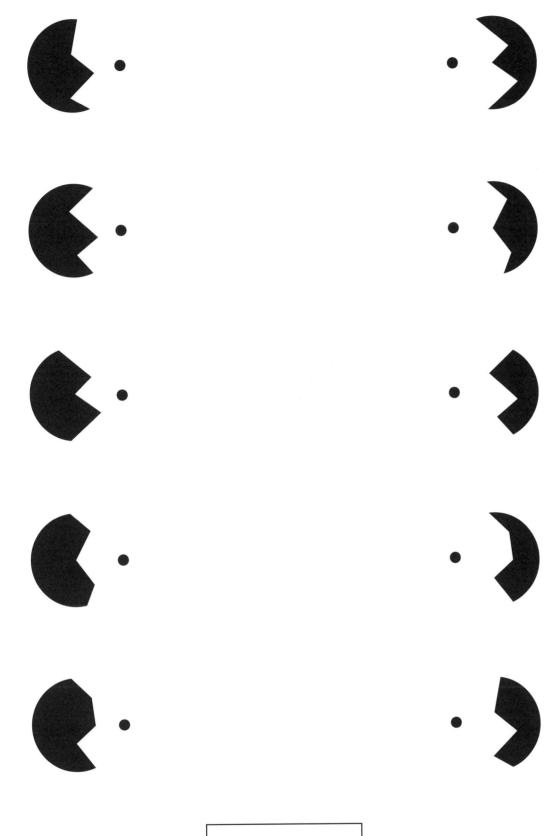

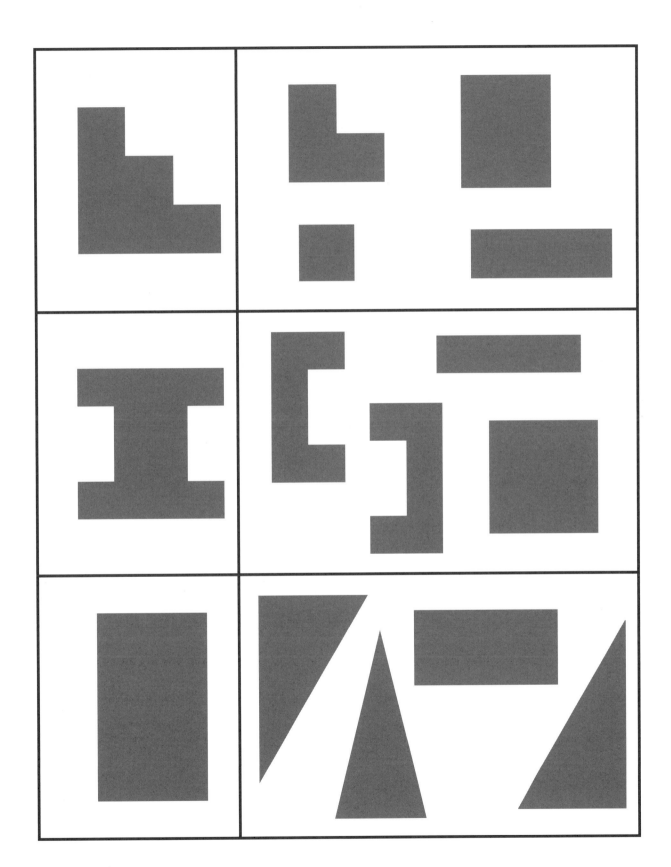

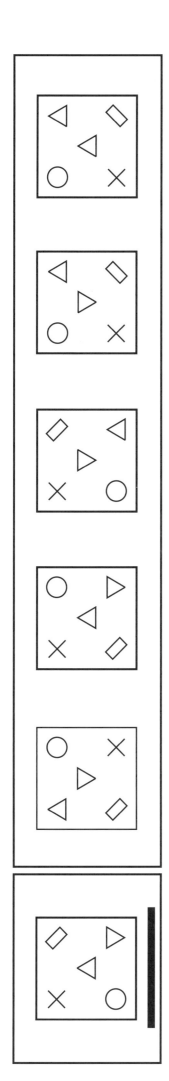

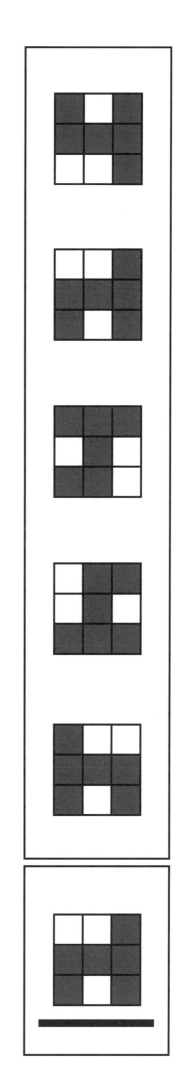

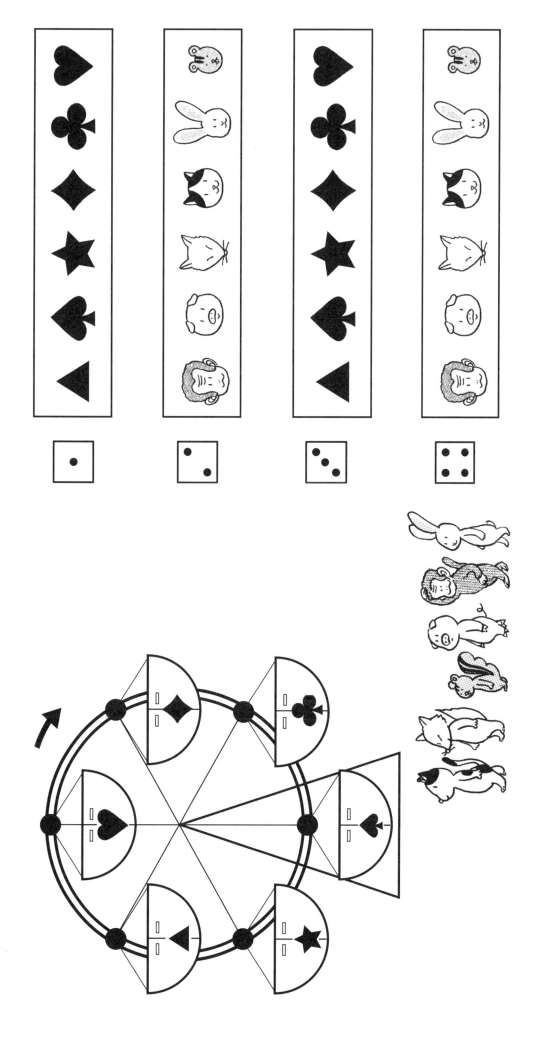

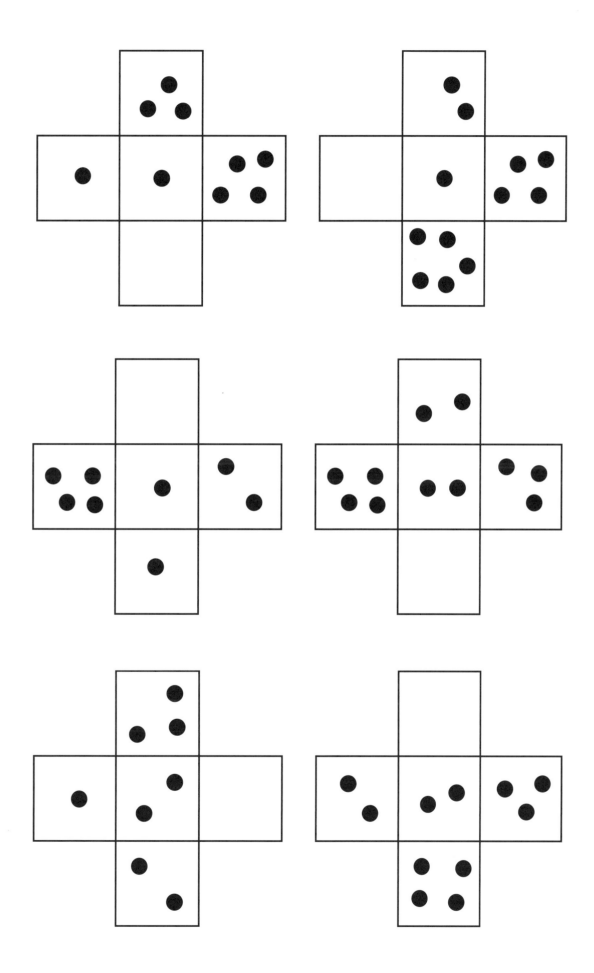

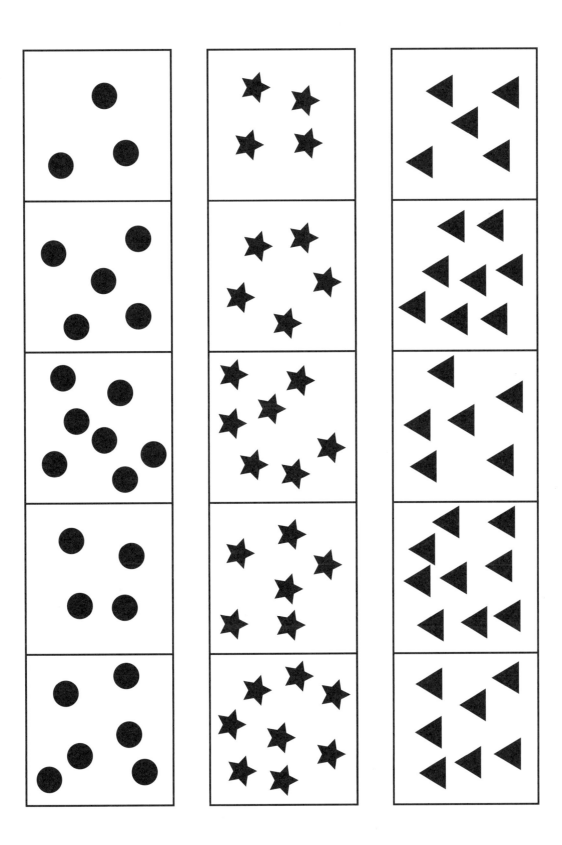

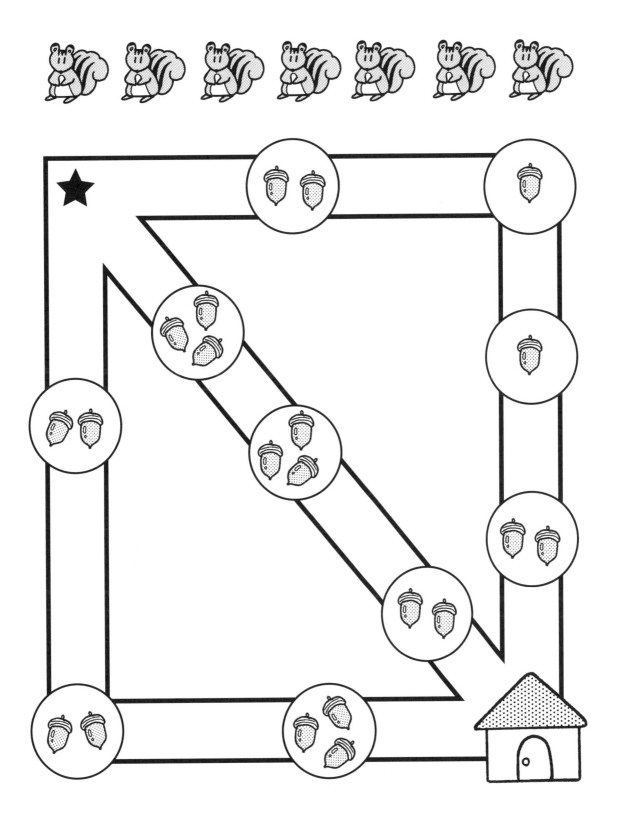

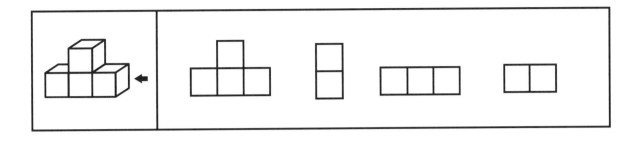

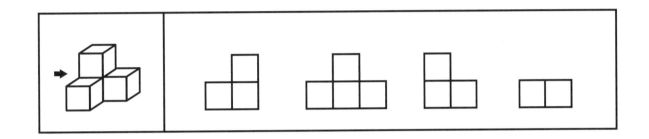

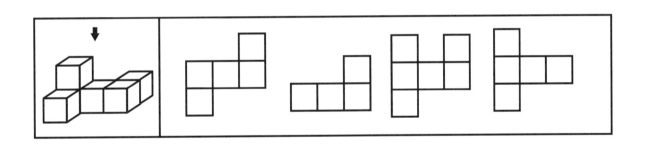

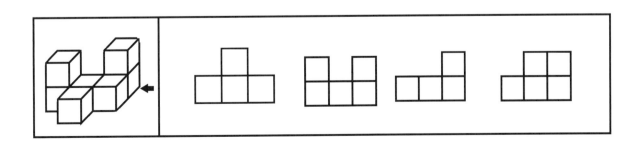

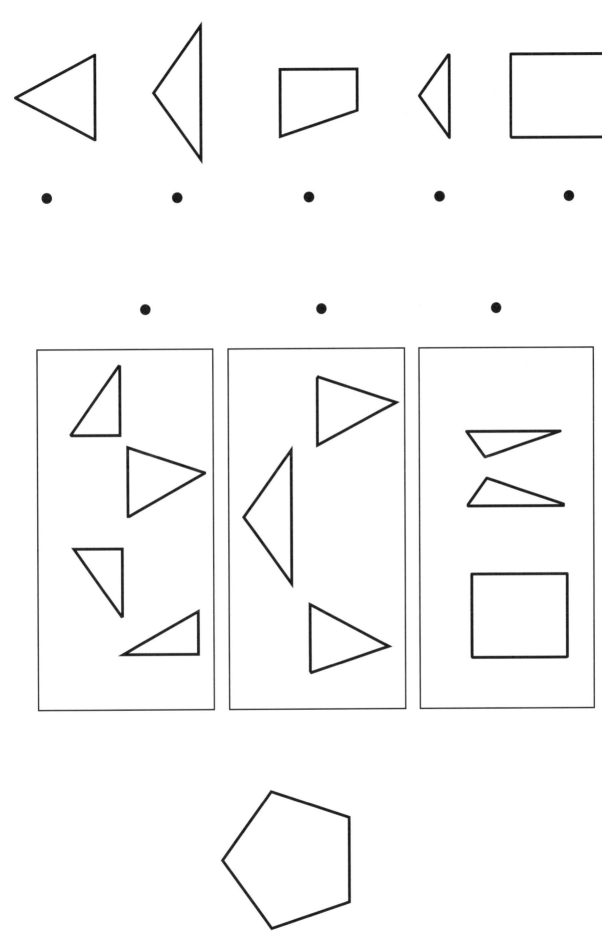

問題 15

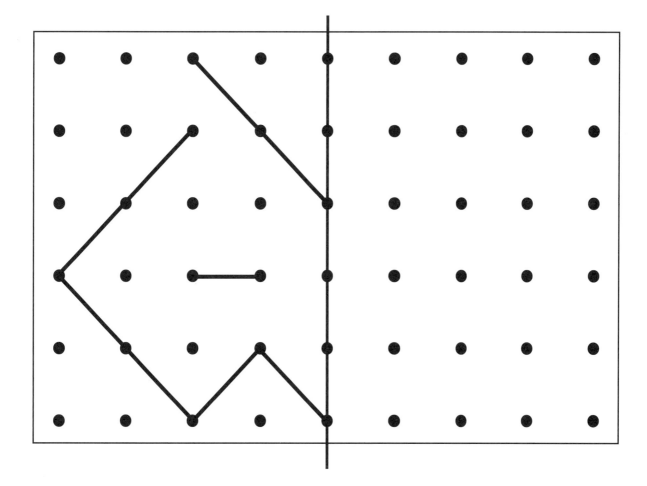

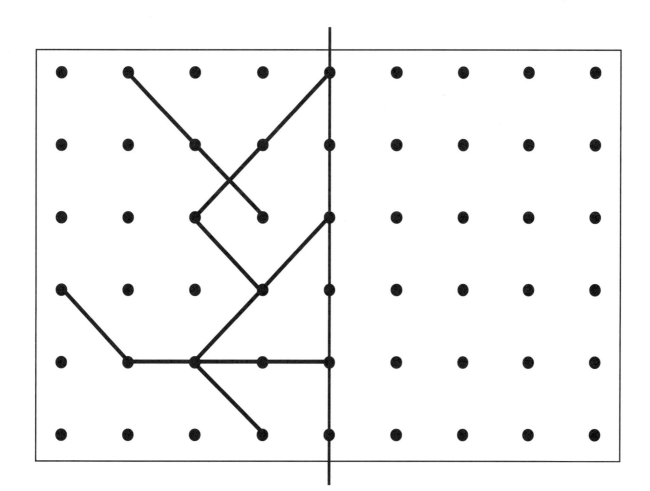

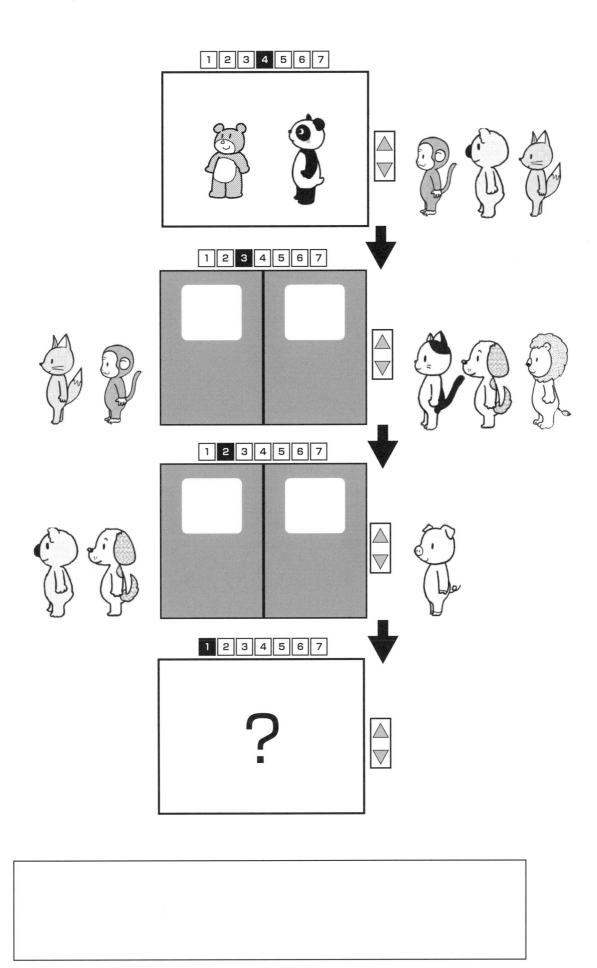

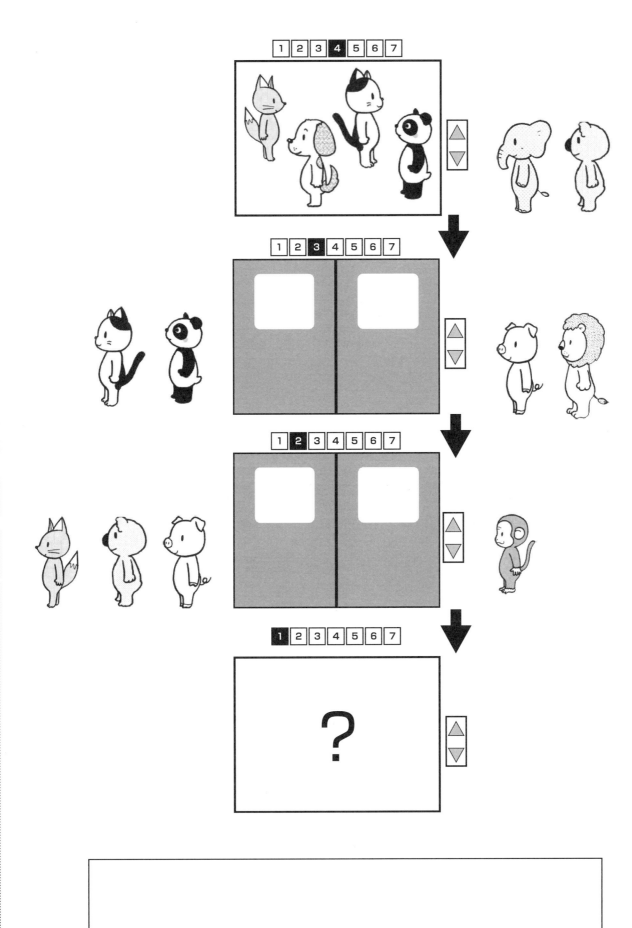

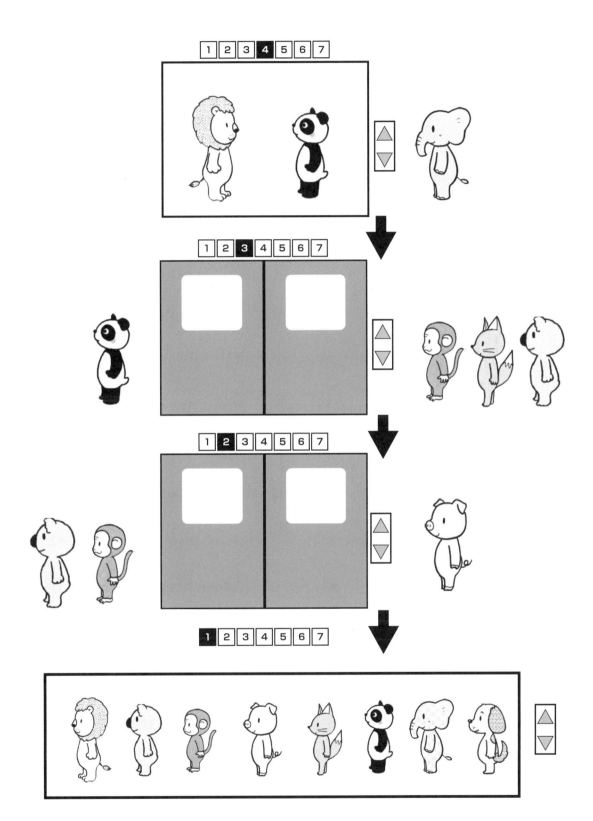

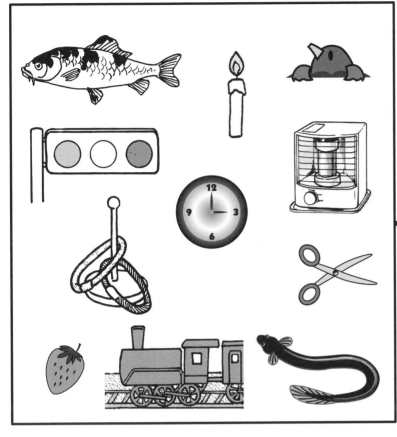

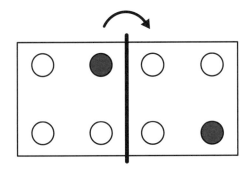

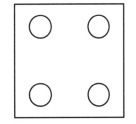

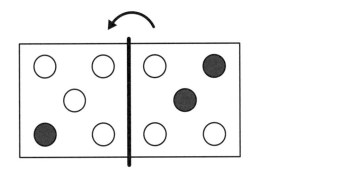

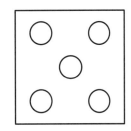

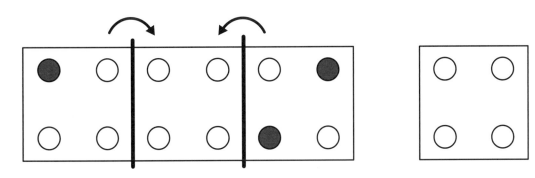

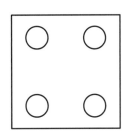

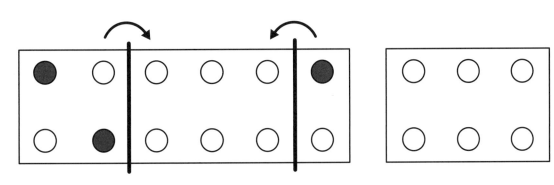

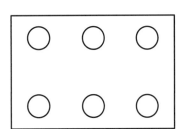

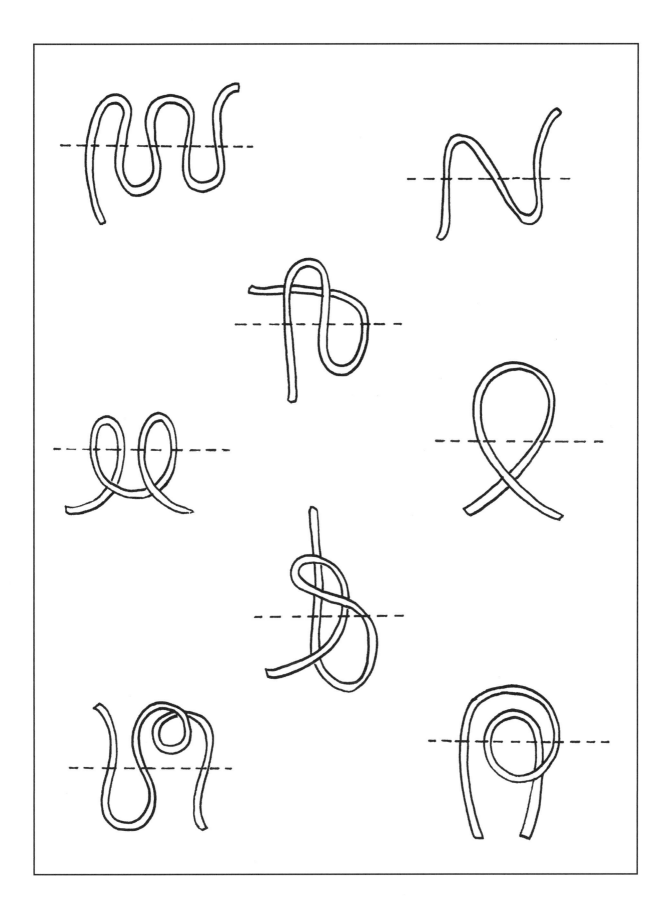

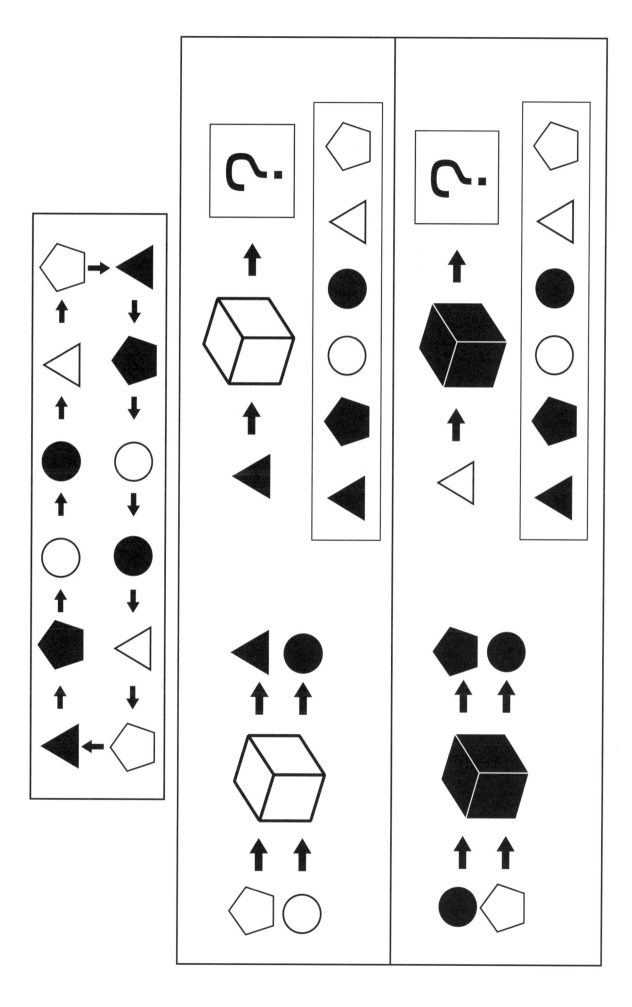

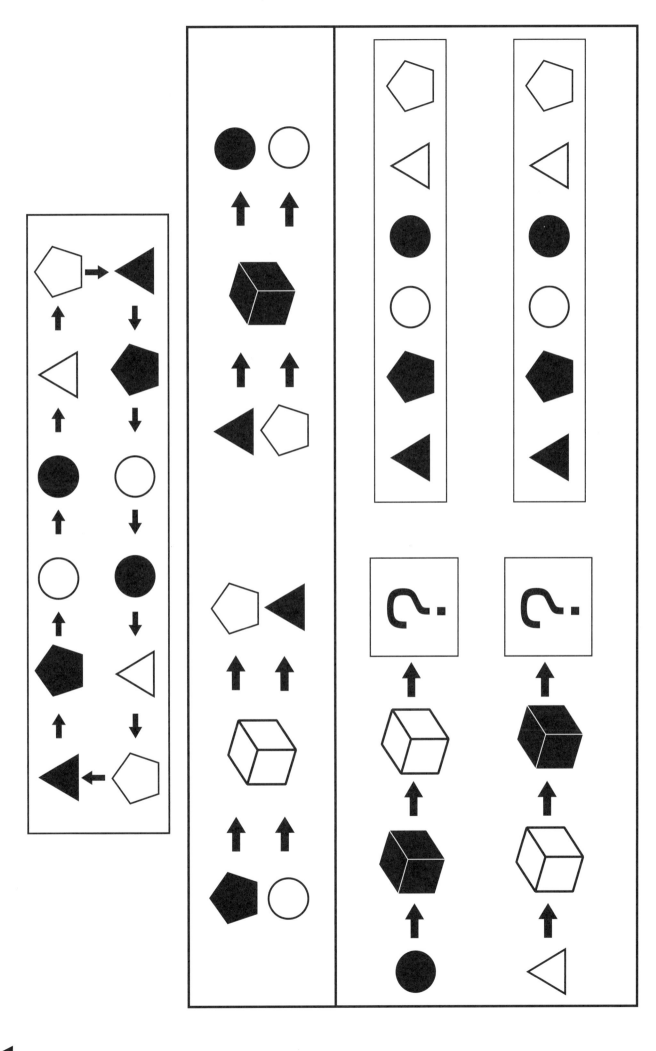

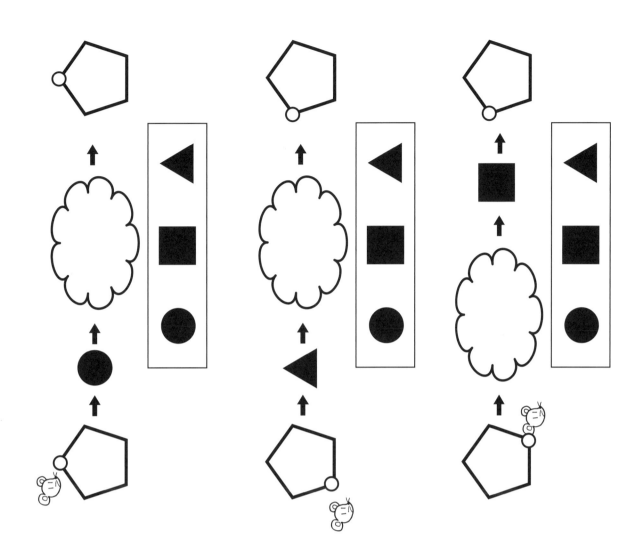

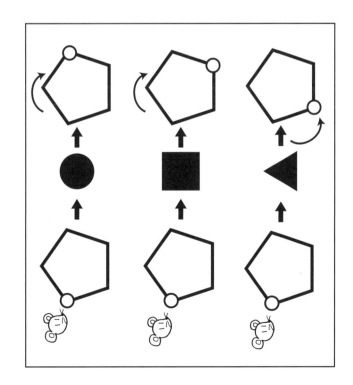

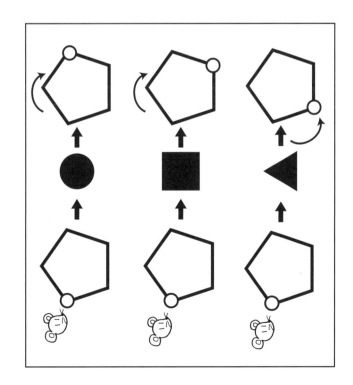

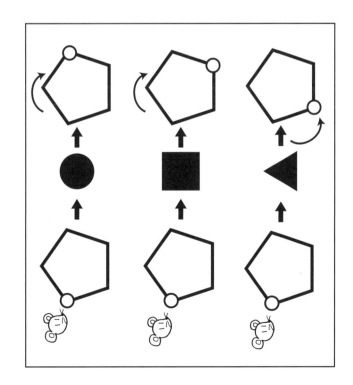

パーフェクト思考問題 2 49

問題 27

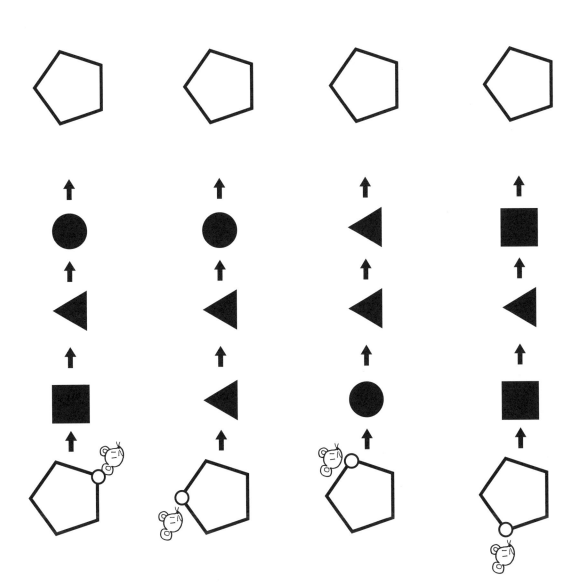

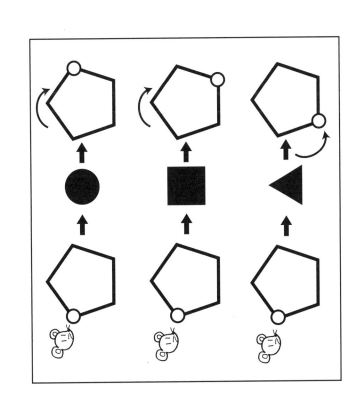

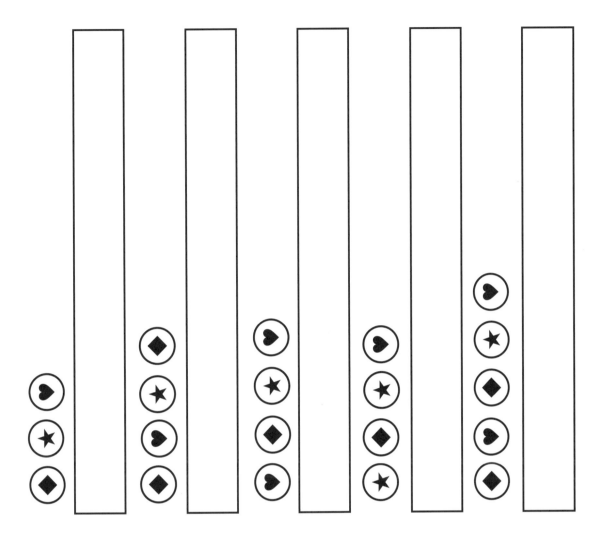

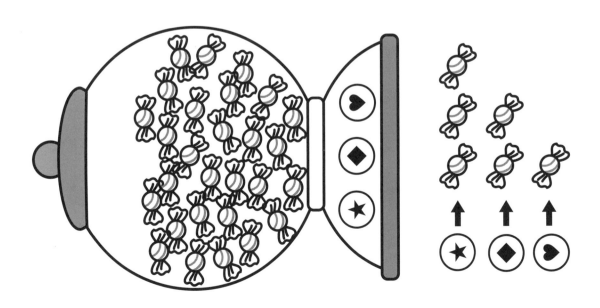

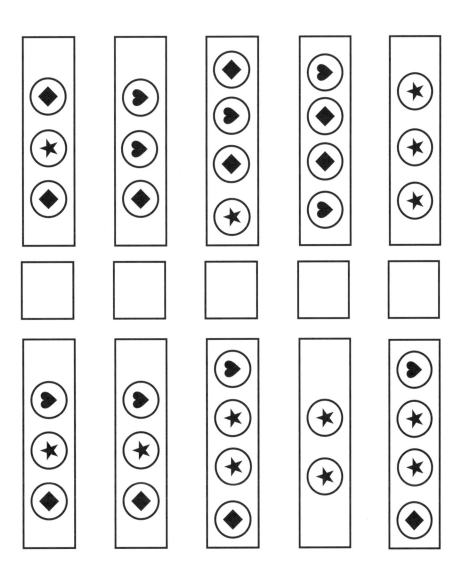

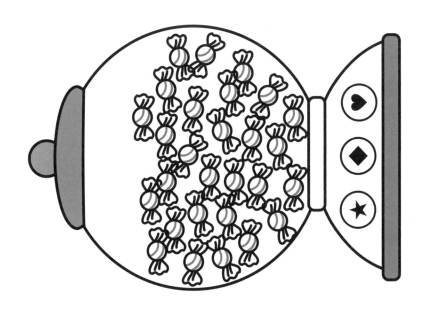

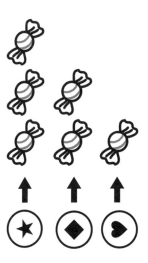

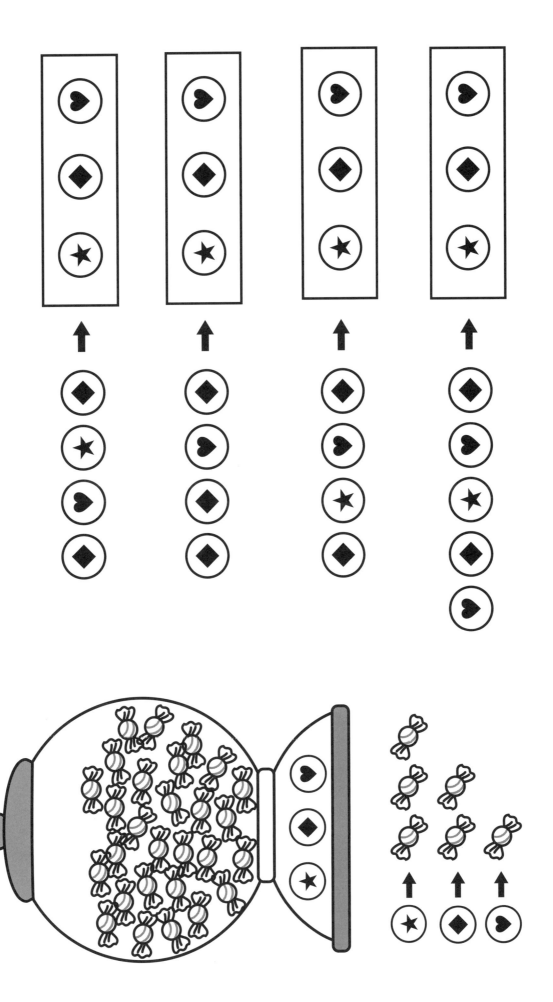

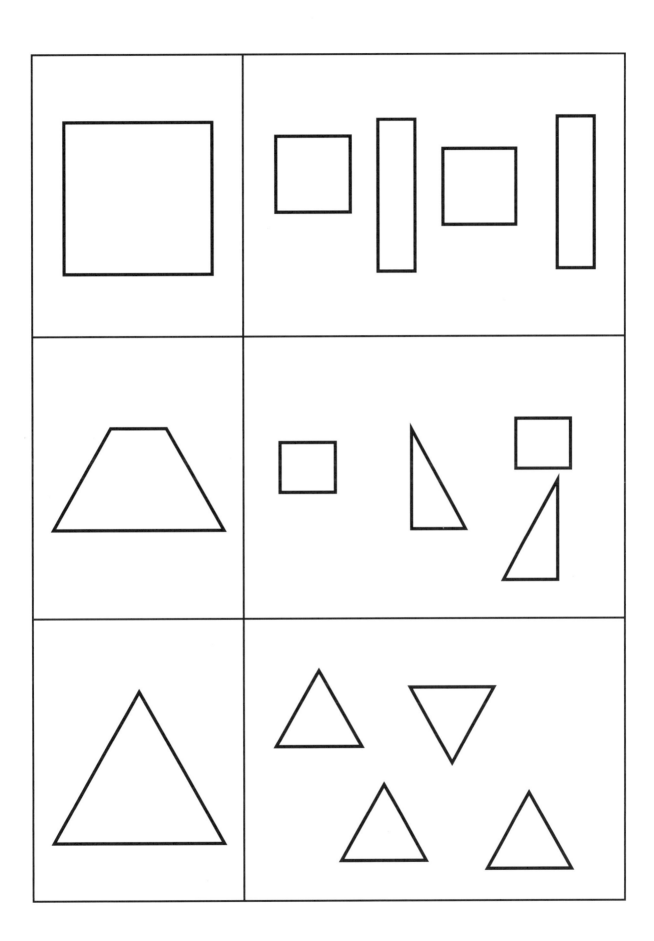

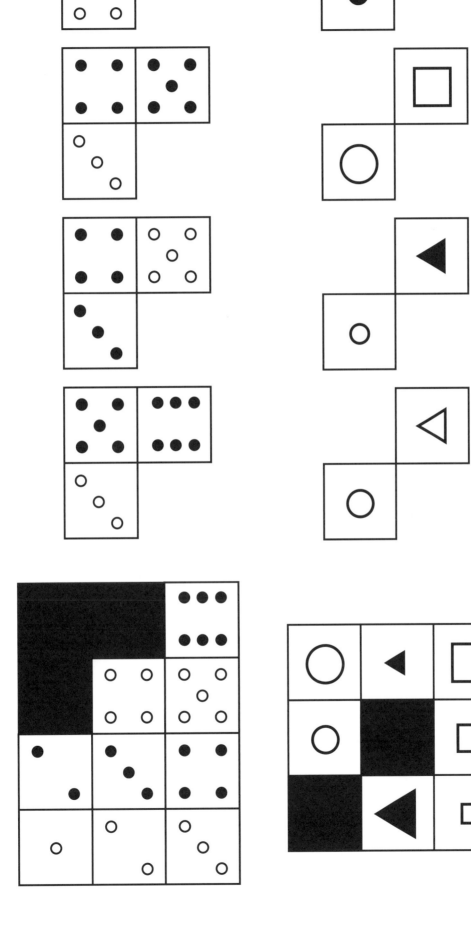

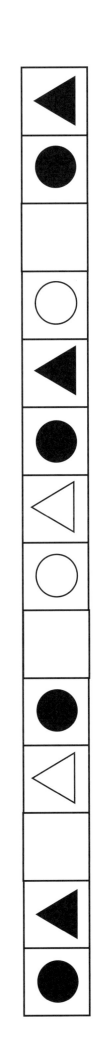

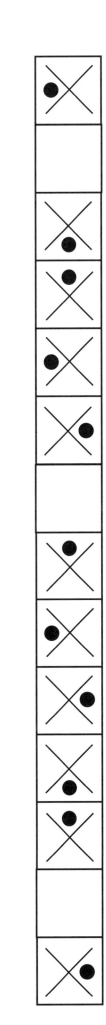

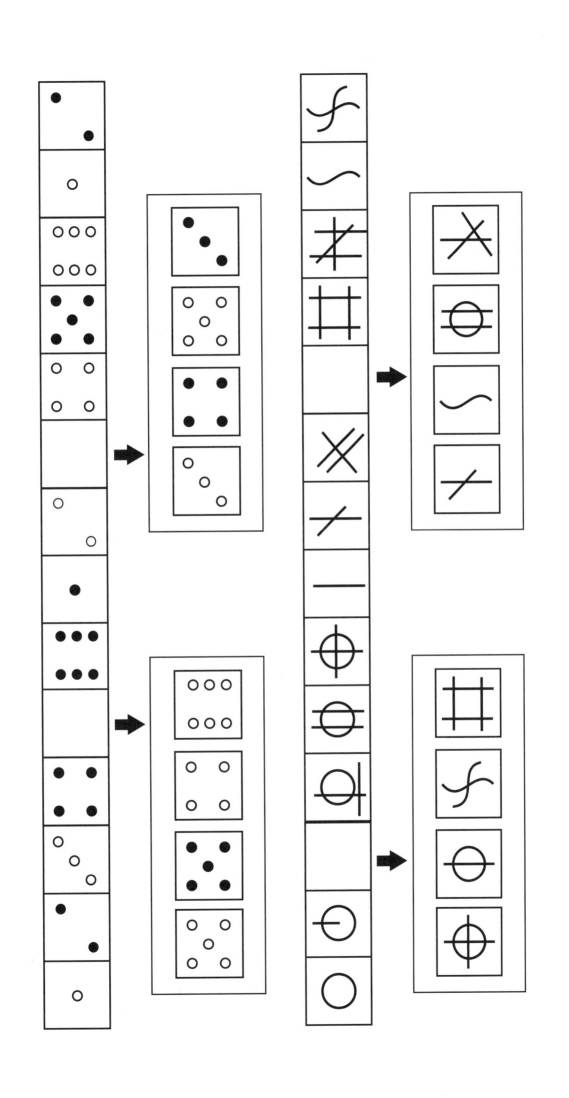

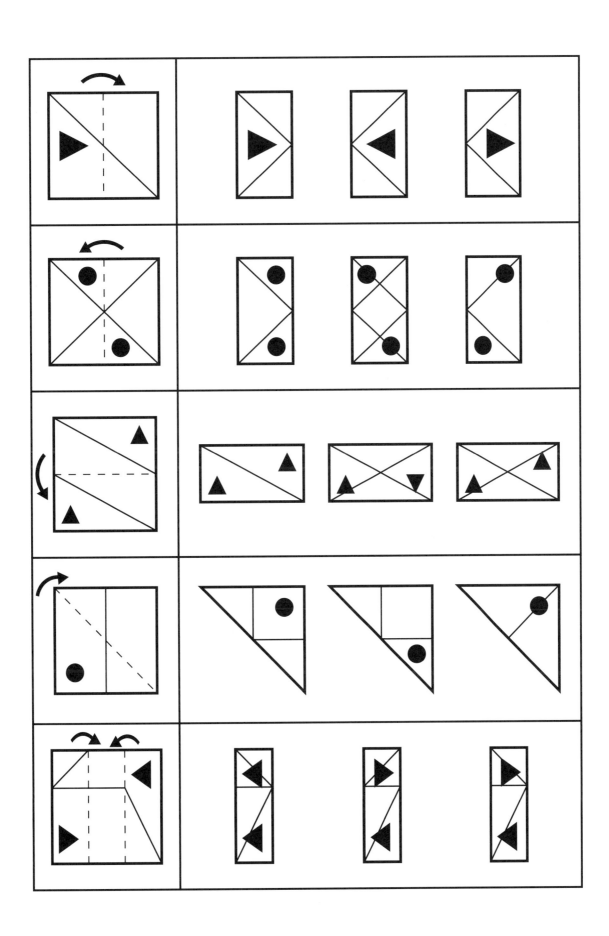

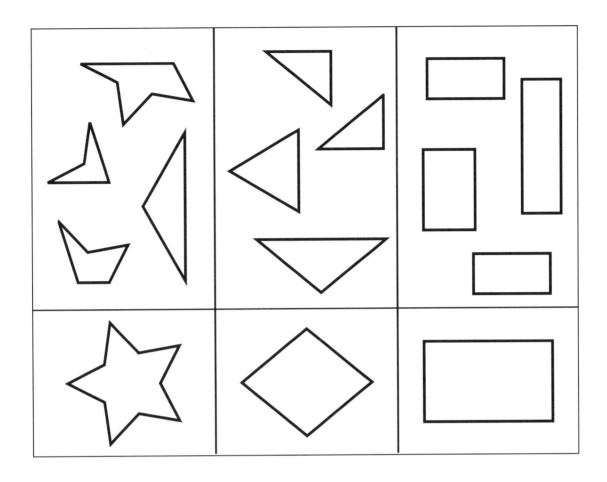

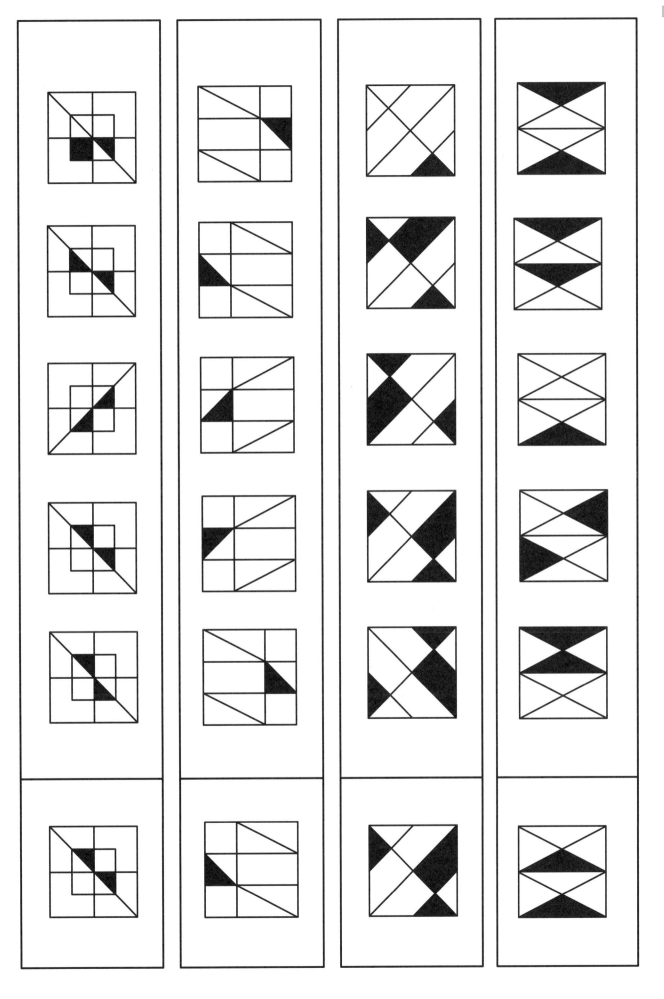